Juegos para Educación Física escolar

Juan José Mijarra Murillo

José Manuel Delfa de la Morena

Primera edición, 2024

© 2024, Editorial INDE

www.inde.com

editorial@inde.com

© 2024, los autores

Ilustraciones de Patricia Carbonell Menéndez

ISBN: 978-84-9729-446-1

DL MU 1251-2024

Impreso en España

Utilización de imágenes y vectores de Freepik, Pixabay y Canva.

Índice

Introducción

Este libro no es un simple manual de juegos para trabajar contenidos de Educación Física, es más que eso, es un proyecto elaborado por dos profesores que creen en la importancia de elaborar actividades creativas, eficientes y que incluyan cada detalle que sea necesario para poder trabajar diferentes contenidos de Educación Física de una manera lúdica y motivadora.

La importancia de este libro reside en esa innovación a la hora de crear propuestas lúdicas que permitan al alumnado de Educación Física en Educación Primaria desarrollarse no solo en el ámbito físico o motor, sino también en el psicoafectivo, social, cognitivo y emocional, es decir, buscando un desarrollo integral del alumnado.

Cualquier docente puede haberse sentido perdido a la hora de crear actividades lúdicas para su alumnado, puesto que tener en cuenta qué les motiva, qué es más eficaz a la hora de trabajar contenidos con el grupo y cómo intentar implementar esos juegos en el proceso de enseñanza-aprendizaje puede resultar algo tedioso, pero con este libro no solo se ofrecen diferentes actividades que pueden servir de inspiración a otros docentes, sino también una serie de consejos para elaborarlas desde un punto de vista didáctico.

Se incluyen una serie de sesiones en las que trabajar contenidos específicos de Educación Física, así como algunos transversales, entre los 6 y los 12 años, teniendo en cuenta el desarrollo motor, así como un nivel de concreción algo más general en cuanto a los contenidos y objetivos para que así sirva como base y permita facilitar la labor docente en Educación Física. Asimismo, cuenta con ilustraciones que facilitan el entendimiento de cada juego y otorgan un carácter más visual y práctico a la lectura de este libro.

Aspectos a tener en cuenta en la elaboración de actividades

Cualquier actividad debería contener al menos estos 9 ítems:

Nombre

Debe ser atractivo para el niño/a.

Ejemplo:

LAS ESQUINAS BAILONGAS.

Objetivo

DEBE SER ESPECÍFICO DE ACTIVIDAD, por tanto, debe existir una aportación más al objetivo específico de sesión o referenciar algo que se trabaje de manera concreta dentro de ese contenido.

Además, debe relacionarse con la sesión independientemente si es de parte inicial, de parte intermedia o de parte final.

Ejemplos:

- *Objetivo específico de sesión:*
  Desarrollar la percepción corporal.
  Mejorar la fuerza.

- *Objetivo específico de actividad:*
  Concienciarse de las partes del cuerpo.

Mejorar la fuerza (mediante estímulos visuales/auditivos/táctiles; mediante un juego simbólico; de miembros superiores/inferiores; mediante la música…).

Material

Debe aparecer el que se use específicamente en esa actividad, incluido el de las variantes.

Ejemplo:

Una pelota por pareja y 4 aros grandes.

Intensidad

Se debe corresponder con la propia descripción de la actividad, es decir, no puede indicarse que la intensidad es baja y que la actividad sea una carrera de relevos.

También debe adaptarse al momento de la sesión donde se realice la actividad, por lo que la intensidad ha de ser como sigue → parte inicial: baja, baja-media, o media; parte intermedia: media, media-alta, alta, alta-media o media-baja; y parte final: media-baja o baja.

Ejemplo:

"Media-baja" (lo que significaría que es de la parte final, ya que si fuera de la parte inicial sería "baja-media").

Descripción

DEBE CUMPLIR CON EL OBJETIVO ESPECÍFICO DE LA ACTIVIDAD.

Además, se debe entender la actividad nada más leerla o tras leerla por segunda vez, quedando clara la esencia de la dinámica del juego para ponerlo en práctica.

Debe especificarse todo aquello que sea relevante para la actividad y evitar dar por hecho cualquier información importante.

Ejemplo:

Cada cual coge un aro, lo posa donde quiera del espacio de juego y se ubica dentro del mismo. Se añade un aro más en el suelo. Quien la ligue debe intentar meterse en el aro. El resto tiene que evitarlo.

Reglas

LAS REGLAS DEBEN SER ESPECÍFICAS DE LA ACTIVIDAD. Nos ayudan a conseguir el objetivo específico de la actividad, a organizar y a controlar la clase, a evitar incidentes y a educar en valores.

Ejemplo:

Si sacas un pie del aro, no puedes permanecer en ese aro y tienes que desplazarte a otro aro.

"No pegarse", "no chillar", "hacer caso al profesor o a la profesora", van implícitas en todas las actividades, por lo que no son específicas de cada actividad y, por tanto, no deben incluirse. Estas últimas son normas generales de respeto que han de mantenerse todo el curso.

Variantes

NO PUEDEN MODIFICAR EL OBJETIVO ESPECÍFICO DE LA ACTIVIDAD. Nos ayudan a llevar una progresión metodológica en la consecución de dicho objetivo y también nos sirven para que la actividad en sí sea más lúdica, al incluir elementos diferentes. No debe modificar la esencia de la actividad.

Ejemplo:

Diferente dificultad progresiva de ejecución, diferentes materiales, diferente organización, etc.

Tiempo

Debe incluir el tiempo empleado en la explicación y organización del juego, así como las variantes. No debería ser inferior a 5 minutos.

Ejemplo:

15 min (si estimo que me lleva 2 en prepararlo, 3 en explicarlo y 10 que quiero que lo estén jugando).

El tiempo se debe ajustar a la sesión.

Disposición espacial

Se indica la organización de la actividad.

Ejemplo:

En fila india, en parejas, distribución por todo el espacio, etc.

No confundir con el ítem de sesión Lugar, que es donde se indica el espacio en el que se realiza la actividad.

En definitiva, lo que hay que tener en cuenta, y el orden de prioridad a la hora de realizar juegos o actividades, sería:

1. OBJETIVO (que sea específico de actividad).

2. DESCRIPCIÓN y REGLAS (que se cumpla el objetivo específico de actividad).

3. VARIANTES E INTENSIDAD (que tengan una progresión lógica).

4. NOMBRE, MATERIAL, TIEMPO Y DISPOSICIÓN ESPACIAL.

SESIÓN 1

Somos hábiles
(Habilidades perceptivo-motrices)

SESIÓN 1

Objetivo:

Desarrollar las habilidades perceptivo-motrices.

Edad:

6-8 años.

Contenidos:

- Parte inicial (15 minutos):
  - A VER SI PASAS (15 minutos)
- Parte intermedia (20 minutos):
  - SALTAJUEGO (10 minutos)
  - LAS ESQUINAS BAILONGAS (10 minutos)
- Parte final (15 minutos):
  - ESCONDITE INGLÉS: CON UN APOYO, CON DOS O CON TRES (15 minutos)

Material:

- Dispositivo de música.

Lugar:

Aula polivalente.

Duración:

50 minutos.

A VER SI PASAS

Objetivo

Desarrollar la percepción espaciotemporal mediante un juego competitivo.

Material

- Ninguno.

Intensidad

Media.

Descripción

El grupo se organiza en dos equipos y se limita el espacio en un pasillo para cada uno. La mitad de cada equipo se coloca en el centro de uno de los pasillos y la otra mitad se queda en un extremo del pasillo.

El juego consiste en que quienes están en el centro eligen posición (tienen 10 segundos) y deben quedarse en ese lugar moviendo los brazos de un lado a otro con un ritmo constante. Mientras tanto, quienes están en los extremos tendrán que intentar pasar al otro lado del pasillo sin que les toquen los que están en el centro.

Reglas

- Quienes estén en el centro no pueden cambiar el ritmo ni el movimiento.
- Si alguien que está jugando es tocado por quien está en el centro, tiene que volver a empezar.
- Gana el equipo que lleve antes a sus integrantes de los extremos al otro lado.

Variantes

- Pueden variar el movimiento quienes están en el centro.
- Crear un circuito con los dos equipos juntos para dificultar el escenario.

Tiempo

15 minutos.

Disposición espacial

Dos equipos distribuidos en los dos pasillos laterales del espacio.

Saltajuego

Objetivo

Perfeccionar el salto con los dos pies juntos.

Material

- Ninguno.

Intensidad

Media-alta.

Descripción

El alumnado tiene que saltar con los dos pies juntos en función de las consignas que establezca quien dirige la actividad.

Por ejemplo:

"que den un salto los que se sientan chicos";

"que den un salto los que lleven zapatillas negras" …

Reglas

- Los saltos tienen que ser en el sitio con los dos pies juntos.
- Solo se salta cuando procede, pero hay que actuar con honestidad.

Variantes

- Dar un número de saltos en función de la edad, piezas de fruta que come al día, operaciones matemáticas, planetas del sistema solar, etc.
- Saltando nos agrupamos en función de la consigna (por equipos de fútbol, por preferencias alimenticias, etc.).

Tiempo

10 minutos.

Disposición espacial

Distribución individual por todo el espacio.

Las esquinas bailongas

Objetivo

Mejorar la percepción corporal mediante un juego musical.

Material

- Dispositivo de música.

Intensidad

Alta-media.

Descripción

Se divide la clase en cuatro grupos. Cada uno de ellos se ubica en una de las cuatro esquinas del aula, que corresponderá con una parte del cuerpo (miembros superiores, miembros inferiores, cabeza y tronco). Cuando suene la música, cada grupo tendrá que moverse solo con la parte del cuerpo que corresponda a su esquina, de manera que, cuando se diga "cambio", cada grupo cambiará a la siguiente esquina en el sentido de las agujas del reloj, cambiando así la parte del cuerpo.

Reglas

- Solo se puede mover la parte del cuerpo que corresponda con la esquina.
- Durante el cambio de esquina habrá que hacer una transición entre movimientos, de manera que se realice el cambio de una parte del cuerpo a otra progresivamente; pasando de una a otra poco a poco.

Variantes

- Se puede mover todo menos la parte del cuerpo que está asignada en la esquina correspondiente.

- Se puede añadir en el centro otra parte del cuerpo independiente, como la cintura.

Tiempo

10 minutos.

Disposición espacial

En cuatro grupos distribuidos en las cuatro esquinas del aula.

Escondite inglés: con un apoyo, con dos o con tres

Objetivo

Desarrollar el equilibrio estático mediante un juego tradicional adaptado.

Material

- Ninguno.

Intensidad

Media-baja.

Descripción

Juego similar al escondite inglés en el que el alumnado tiene que llegar de un lado a otro de la clase mientras quien la liga canta "el escondite inglés: con un apoyo, con dos o con tres", pero, cuando deje de cantar, no pueden moverse, teniendo que mantenerse estáticos en un apoyo, dos o tres, a lección de cada persona. La persona que liga también tiene que cumplir una de esas tres opciones de apoyo.

Reglas

- Hay que desplazarse en línea recta y no se puede correr.
- Si alguien se mueve cuando quien liga no canta, vuelve a empezar.
- No se puede repetir el número de apoyos que se haga en la anterior parada.
- Al llegar hay que decir: "victory".

Variantes

— Ahora hay que quedarse estático en el número de apoyos que no diga quien la liga, es decir, si dice el número 2, tendrá que pararse sobre uno o sobre tres apoyos.

— La frase cambia por "el escondite inglés: con X apoyos esta vez, 1, 2 y 3", de manera que ahora quien la liga tiene que elegir un número de apoyos que debe mantener el resto (y también quien la liga) entre uno y diez.

Tiempo

15 minutos.

Disposición espacial

Individualmente en el espacio designado.

SESIÓN 2

Somos capaces
(Capacidades físicas básicas)

SESIÓN 2

Objetivo:

Mejorar las capacidades físicas básicas.

Edad:

8-10 años.

Contenidos:

- Parte inicial (10 minutos):
  - PÁSALA COMO FLASH (10 minutos)
- Parte intermedia (25 minutos):
  - RESISTIRÉ (10 minutos)
  - DUENDES, MAGOS Y TROLLS (15 minutos)
- Parte final (15 minutos):
  - BICHOEVOLUCIÓN (15 minutos)

Material:

- Pelotas de gomaespuma.
- Cronómetro.

Lugar:

Aula polivalente.

Duración:

50 minutos.

Pásala como flash

Objetivo

Mejorar la velocidad de reacción mediante un juego competitivo.

Material

- Pelotas de gomaespuma.

Intensidad

Media.

Descripción

El alumnado se coloca en un círculo y se va pasando una pelota, de manera que antes de cogerla hay que dar una palmada, lo antes posible, y pasarla rápidamente.

Reglas

- Si alguien no da la palmada antes de coger la pelota, se le cae la pelota, es responsable de que se le caiga a otra persona, o da la palmada sin que la pelota vaya en su dirección, deberá jugar en posición sentada.
- Se puede engañar y arrebatar la pelota a otra persona participante, siempre que se respeten las reglas mencionadas.

Variantes

- Se divide al alumnado en grupos. Quienes fallen ya no se sientan, sino que pasan a otro círculo para jugar libremente con las demás personas que hayan fallado, convirtiéndose en 'inmortales'. La última persona de cada equipo en quedar invicta ganará.

- Quienes fallan pueden obstaculizar e incidir en el juego del resto de participantes para así dificultarlo.

Tiempo

10 minutos.

Disposición espacial

En círculo ocupando todo el espacio.

Resistiré

Objetivo

Potenciar la fuerza resistencia mediante un juego tradicional adaptado.

Material

– Cronómetro.

Intensidad

Alta.

Descripción

La clase se divide en dos equipos, de manera que uno de ellos se une agarrándose bien a modo de cebolla (tienen 30 segundos para juntarse), y el otro tiene que separar a todas y cada una de las personas que forman el equipo cebolla. Después, cambian el rol.

Reglas

– Se debe usar toda la palma de la mano para intentar separar del grupo, evitando hacer daño.
– La fuerza debe ser progresiva, es decir, hay que ir tanteando y poco a poco ir aumentando la fuerza para separar.
– Tienen dos minutos para separar a todos los integrantes (se cronometra).

Variante

– Ahora el reto es a la inversa, es decir, las personas integrantes del equipo cebolla empiezan separadas (tienen 10 segundos para ubicarse donde quieran por el espacio y quedarse inmóviles durante el reto) y el otro equipo debe juntarlas formando una cebolla. Después, cambian el rol.

Tiempo

10 minutos.

Disposición espacial

En dos grupos distribuidos por el espacio.

Duendes, magos y trolls

Objetivo

Desarrollar la resistencia de base mediante un juego de rol.

Material

- Ninguno.

Intensidad

Alta-media.

Descripción

Los Duendes se comen a los Magos, los Magos a los Trolls y los Trolls a los Duendes; cada rol tiene un gesto y sonido determinados. Para empezar, se forman dos equipos y se sitúan en cada extremo del aula uno enfrente del otro, en continuo movimiento (se va cambiando, por ejemplo: *trotando, rodillas arriba, talones al culo, saltando, etc.*) y eligiendo uno de los tres roles (sin que se percate el otro equipo). A la voz de: "¿Qué vamos a ser?" (repitiendo esta frase en todo momento a modo militar), se van acercando los equipos poco a poco con el movimiento asignado hasta llegar al centro, donde tendrán que mostrar lo que son, y cada equipo debe pillar al otro según corresponda.

Reglas

- No vale parar de moverse.
- Intentar girar todos al mismo lado para evitar choques.
- Hay que ir en línea recta.
- Para escapar, con dos o tres pasos son suficientes (para justificar, por ejemplo, se puede mencionar que existe una pared de energía invisible).

Variantes

- Ahora cada participante elige libremente su rol y únicamente pilla al que tiene enfrente.
- En parejas, pero por todo el espacio, ya sin respetar la fila, de manera que en cada ronda vayan cambiando de pareja.

Tiempo

15 minutos.

Disposición espacial

Dos equipos en fila, cada miembro del equipo frente a otro.

BICHOEVOLUCIÓN

Objetivo

Mejorar la flexibilidad general mediante un juego tradicional adaptado.

Material

- Ninguno.

Intensidad

Media.

Descripción

Juego en el que hay que desplazarse según el bicho que sean:

- **Pulga:** reptando y llevando rodillas al pecho a la máxima amplitud.
- **Bicho-bola:** a gatas con el ombligo metido lo máximo posible a modo de bolita.
- **Bicho-palo:** en cuadrupedia, apoyando manos y pies completamente en el suelo, dejando las manos lo más cerca posible de los pies y rodillas estiradas.
- **Mantis religiosa:** dando zancadas en su máxima amplitud, manteniendo los brazos como la mantis.

El alumnado se irá desplazando libremente por el espacio. Cuando vayan encontrando a alguien de su misma especie, deberán batirse a duelo con un piedra-papel-tijera con el objetivo de evolucionar a la siguiente especie.

Reglas

- Hay que desplazarse con el movimiento correspondiente a la máxima amplitud.

- Solo se pueden batir en duelo dos de la misma especie de bicho.
- La persona que gane en el duelo pasa a ser de la especie siguiente, mientras que el que no gane se mantendrá en su especie.
- Quienes ganen siendo mantis pasarán a ser humano y se quedarán con la posición del bicho que quieran, moviéndose por el espacio animando al resto del grupo.

Variantes

- Quien gana el duelo evoluciona y quien no gana involuciona (se hace cíclico de pulga a mantis).
- Quien no gana se convierte en la misma figura que la persona ganadora, siguiéndole. La persona ganadora se convierte en líder. Esto continúa hasta que alguien, como líder, logra que todo el grupo le siga.

Tiempo

15 minutos.

Disposición espacial

Individualmente por todo el espacio.

SESIÓN 3

Somos deportistas
(Iniciación deportiva)

SESIÓN 3

Objetivo:

Iniciarse en las destrezas de movimiento de diferentes deportes.

Edad:

10-12 años.

Contenidos:

- Parte inicial (10 minutos):
  - SALTRIMONTES (10 minutos)
- Parte intermedia (25 minutos):
  - MOSQUETEROS (10 minutos)
  - PIENSA Y PASA (15 minutos)
- Parte final (10 minutos):
  - EL ARO RÍTMICO (15 minutos)

Material:

- Pelotas de balonmano.
- Aros.

Lugar:

Aula polivalente.

Duración:

50 minutos.

Saltrimontes

Objetivo

Iniciarse en la técnica del triple salto de atletismo.

Material

- Aros.

Intensidad

Baja-media.

Descripción

Se distribuyen los aros por toda la clase y el alumnado tiene que pasar de aro en aro saltando, de manera que, primero se da un salto cada vez que quien dirige la actividad diga "ya"; después, se dan dos saltos sin cambiar de pie; luego, se añade un tercer salto en el que hay que cambiar de pie; por último, se añade a esa secuencia un salto con los pies juntos.

Reglas

- Solo puede haber una persona en cada aro.
- Hay que evitar contacto y choques.
- Hay que pisar dentro del aro, ni fuera, ni en el aro en sí.

Variantes

- En grupos de 3 o 4, cada grupo coge tres aros y tiene que colocarlos en fila, de manera que el tercero quede un poco más separado del segundo. Tienen que pasar por los aros como han aprendido en el juego principal.

- Igual, pero se añade el reto de que lleguen lo más lejos posible con los pies juntos al final, incluso pudiendo usar referencias para comprobarlo.

Tiempo

10 minutos.

Disposición espacial

Individualmente en los aros distribuidos por todo el espacio.

Mosqueteros

Objetivo

Iniciarse en el ataque y defensa en desplazamiento de la esgrima.

Material

- Ninguno.

Intensidad

Media.

Descripción

El grupo se divide en dos filas en el centro de la clase, las parejas se forman con la persona que esté delante; se practica la posición simulando que la mano y antebrazo son un florete, incluyendo después el desplazamiento hacia delante y hacia atrás del mosquetero (esgrima). Luego se añade un ataque de esgrima y su defensa correspondiente en cada desplazamiento:

- Ataque 1 (directo al hombro derecho) y defensa 1 (parada de izquierda a derecha).
- Ataque 2 (directo al hombro izquierdo) y defensa 2 (parada de derecha a izquierda).
- Ataque 3 (a la cabeza de arriba a abajo) y defensa 3 (parada de abajo a arriba).

Reglas

- No golpear; se debe contactar suavemente.
- La defensa debe corresponderse con el ataque ejecutado.
- Siempre desplazarse en línea recta y con su movimiento.

Variante

– Se realiza un pilla-pilla en el que tendrán que desplazarse como han aprendido y la forma de pillar será realizando uno de los ataques que han visto en el juego. Para evitar que te atrapen, se debe realizar la defensa correspondiente al tipo de ataque ejecutado por quien persigue, quedándose inmóvil. Te puede salvar otra persona participante que realice el ataque correspondiente a dicha defensa. Las personas atrapadas se intercambian con quien perseguía.

Tiempo

10 minutos.

Disposición espacial

En dos filas en el centro del aula.

Piensa y pasa

Objetivo

Iniciarse en la táctica ofensiva y defensiva del balonmano.

Material

- Pelotas de balonmano.

Intensidad

Media-alta.

Descripción

En grupos de 5 o 6 personas situadas en círculo, deben pasarse un balón de balonmano, de manera que todas lo toquen. Después, se añade la dificultad de que no se pueda pasar a quien esté inmediatamente al lado; luego el grupo debe ir moviendose en círculo, cambiando la dirección cada vez que lo diga quien dirige la actividad; por último, y ya sin movimiento en círculo, se coloca a una persona en el centro a la que hay que pasar el balón e intercambiar la posición con ella.

Reglas

- Nadie puede pasar más de una vez en la misma ronda, de lo contrario, hay que empezar de nuevo.
- Si alguien pierde la pelota, el grupo tendrá que empezar de nuevo.
- Cada ronda la ganará el grupo que antes pase a todos sus miembros.

Variantes

- Cada dos grupos compiten en un espacio delimitado del aula y solo con un balón, de manera que solo el equipo que no tiene el balón puede desplazarse, los demás deben pasarse el balón sin poder desplazarse, como mucho pivotar. Gana el equipo que consiga pasar a todos sus integrantes.

- Se añade la regla de que no vale pasar seguido dos veces a la misma persona.
- Se añade un lanzamiento al final, cuando se haya pasado a todo el mundo, a modo de gol para marcar los que han ganado.

Tiempo

15 minutos.

Disposición espacial

En círculos de 5 o 6 integrantes por el aula.

El aro olímpico

Objetivo

Iniciarse en el manejo del aro de la gimnasia rítmica.

Material

– Aros.

Intensidad

Media.

Descripción

Por grupos y haciendo un círculo, deben pasarse el aro en orden, haciendo un movimiento elegante con él, de manera que no se repita ningún movimiento.

Reglas

– No vale repetir el movimiento de nadie.
– Hay que intentar que el aro no caiga al suelo.

Variantes

– En los mismos grupos, hay que ir añadiendo un movimiento respecto al anterior, de manera que se realice una secuencia lo más larga posible.
– Habrá que inventar una coreografía en la que cada integrante del grupo realice un movimiento y se sumen todos, coordinando dichos movimientos con la canción que quieran tararear (de la banda sonora que elijan). Después, tendrán que mostrarla al resto.
– Ahora tienen que hacer la misma coreografía, pero adaptándola a la banda sonora que tararee otro grupo.

Tiempo

15 minutos.

Disposición espacial

En grupos y en círculo por todo el espacio.

SESIÓN 4

Somos artistas
(Expresión corporal)

SESIÓN 4

Objetivo:

Desarrollar los diferentes tipos de movimiento en la expresión corporal.

Edad:

8-10 años.

Contenidos:

- Parte inicial (10 minutos):
  - EMOCIONA-T (10 minutos)
- Parte intermedia (25 minutos):
  - ¿QUÉ SOMOS? (15 minutos)
  - MUÉVETE COMO YO (10 minutos)
- Parte final (15 minutos):
  - LAS ESTANCIAS DIVERTIDAS (15 minutos)

Material:

- Cartulinas con nombres de emociones.

Lugar:

Aula polivalente.

Duración:

50 minutos.

EMOCIONA-T

Objetivo

Mejorar el movimiento expresivo mediante la mímica.

Material

- Cartulinas con nombres de emociones.

Intensidad

Baja-media.

Descripción

Se escoge a una persona, que tendrá que adivinar la emoción que represente el resto del grupo. Quien dirige la actividad se sitúa detrás de esta persona y muestra una cartulina con el nombre de una emoción al resto del alumnado, evitando que quien tiene que adivinar vea dicha cartulina. El alumnado debe expresar de la manera más realista posible dicha emoción para que la adivine la persona seleccionada.

Reglas

- Hay que intentar sentir dicha emoción para expresarla de la forma más fiel posible, no se trata de interpretar acciones, sino de expresar emociones.
- No vale hablar, simplemente utilizar gestos y sonidos.
- No vale contactar físicamente con nadie del grupo, aunque sí interactuar.

Variantes

- La persona que dirige el juego explica una situación ante la que el alumnado debe reaccionar expresando corporalmente cómo se sentiría y de forma libre.
- Lo mismo, pero organizándose en parejas o grupos y teniendo que interactuar.

Tiempo

10 minutos.

Disposición espacial

Individualmente por todo el espacio.

¿QUÉ SOMOS?

Objetivo

Desarrollar el movimiento interpretativo mediante un juego de rol.

Material

– Ninguno.

Intensidad

Media.

Descripción

Por grupos reducidos, el alumnado deberá turnarse para realizar una acción de un deporte específico, luego de profesiones y, por último, de personajes famosos, de manera que el resto deberá que adivinar dicho deporte, profesión o personaje.

Reglas

– Todas las personas tendrán que interpretar acciones de un rol determinado en cada ronda.
– Cuando adivinan, deben proponer otro movimiento que refleje el deporte, profesión o personaje que ha hecho el compañero.

Variantes

– Se unen varios grupos para hacerlos más numerosos y tienen que representar una escena en la que todo el mundo tiene que representar roles según la categoría que les asigne la persona que guía la actividad (por ejemplo: *un taller mecánico, una misa, un partido de voleibol, un ensayo teatral, etc.*).

Tiempo

15 minutos.

Disposición espacial

En grupos por todo el espacio.

Muévete como yo

Objetivo

Perfeccionar el movimiento imitativo mediante un juego tradicional adaptado.

Material

– Ninguno.

Intensidad

Media-alta.

Descripción

En un círculo grande, la persona que dirija el juego se ubicará en el centro de este y realizará una serie de movimientos a modo de ejemplo que el resto del grupo deberá imitar. Después, irán saliendo personas voluntarias de manera individual para ser imitadas por las demás.

Reglas

– Hay que ser fiel a los movimientos que realice la persona que se sitúe en el centro.
– Hay que evitar contacto con el resto del grupo.

Variantes

– Dispersos individualmente por toda la clase, se deben mover imitando los movimientos de la persona que quieran, de manera que todo el mundo tiene que estar imitando a alguien a libre elección.

Tiempo

10 minutos.

Disposición espacial

Todos en un círculo grande, uno en el centro.

LAS ESTANCIAS DIVERTIDAS

Objetivo

Desarrollar el movimiento creativo mediante un juego simbólico.

Material

- Ninguno.

Intensidad

Media.

Descripción

Por grupos, tendrán que representar una estancia de la casa de la manera más original posible, pudiendo hacer movimientos repetitivos a modo de GIF o sonidos, pero sin interpretar personas o seres vivos.

Reglas

- No se pueden interpretar roles de personas o seres vivos.
- No se puede hablar, simplemente utilizar gestos y sonidos.
- Hay que intentar realizar movimientos novedosos, ya sea representando objetos que nunca hayan hecho o utilizando diferentes movimientos o posturas para realizarlos.

Variante

- Ahora les tocará simular atracciones de una feria, pudiendo ser inventadas, utilizando sus movimientos corporales y sonidos de manera creativa.

Tiempo

15 minutos.

Disposición espacial

En grupos distribuidos por todo el espacio.

.

SESIÓN 5

Somos personas
(Educar en valores)

SESIÓN 5

Objetivo:

Interiorizar valores y comprender la importancia de su aplicación.

Edad:

10-12 años.

Contenidos:

- Parte inicial (15 minutos):
  - LET IT GO (15 minutos)
- Parte intermedia (25 minutos):
  - ¡QUÉ FUERTE ESTOY! (10 minutos)
  - PREDATOR (15 minutos)
- Parte final (10 minutos):
  - CONFÍA EN MÍ (10 minutos)

Material:

- Un objeto aleatorio para cada pareja.

Lugar:

Aula polivalente.

Duración:

50 minutos.

LET IT GO

Objetivo

Desarrollar el respeto y la tolerancia hacia todo el grupo.

Material

- Ninguno.

Intensidad

Baja-media.

Descripción

Dividimos la clase en parejas y quien dirije el juego dirá una palabra, de manera que una de las personas de la pareja realice una postura estática sobre lo que le sugiera esa palabra mientras la otra debe respetar su manera de expresar e, incluso, puede aportar algo para ayudarla en su manera de comunicar dicha palabra corporalmente. Cuando la persona que expresa quiera, cambiará el rol con su pareja y dirá una nueva palabra para volver a repetir el proceso con el rol invertido.

Reglas

- Respetar a tu pareja, así como su manera de expresar con el cuerpo.
- Se puede ayudar a la pareja con ideas nuevas en el caso de que lo necesite.
- Hay que intentar no hacer movimientos muy intensos.

Variante

- Ahora deberán realizar movimientos libres en lugar de posiciones estáticas.

Tiempo

15 minutos.

Disposición espacial

En círculo por todo el espacio.

¡QUÉ FUERTE ESTOY!

Objetivo

Mejorar la participación activa y el esfuerzo en un reto grupal.

Material

- Ninguno.

Intensidad

Alta.

Descripción

El alumnado se divide en 6 grupos que se sitúan en círculo agarrados de los antebrazos. Se separan todo lo que puedan y se colocan en posición de sentadilla, aguantando el mayor tiempo posible. Es importante que se animen entre sí para mejorar el ambiente de trabajo.

Reglas

- No se pueden soltar, ni agarrar más fuerte de la cuenta o causar otro daño.
- Se puede animar a las personas participantes, tanto del mismo grupo como a las de otros grupos.

Variante

- Se hacen grupos cada vez más grandes, hasta que todo el mundo acaba en un mismo círculo.

Tiempo

10 minutos.

Disposición espacial

En círculos y por grupos por todo el espacio.

Predator

Objetivo

Desarrollar la generosidad y el compañerismo hacia el resto del grupo.

Material

- Ninguno.

Intensidad

Media.

Descripción

Se forman parejas o grupos pequeños que hacen de jaulas de protección (se agarran de las manos y mantienen los codos extendidos paralelos al suelo), siendo las personas que sobren las supervivientes, estas deberán ser más numerosas que las jaulas.

El juego empieza con el predator (depredador) suelto (la persona que liga), pero que permanece invisible detectando a sus presas (supervivientes), puesto que solamente caza a las personas que se encuentren solas y sin estar dentro de ninguna jaula de protección. Mientras, las personas supervivientes se mueven libremente y las jaulas permanecen inmóviles. A la voz de "¡predator!", quien liga se vuelve visible, lo que hace que las personas supervivientes se queden quietas (petrificadas por el miedo) y en ese momento el predator puede cazarlas. Las jaulas tendrán que moverse después de esa señal para salvar a las personas que hayan sobrevivido, yendo a ellas y rodeándolas con los brazos. Al finalizar la ronda, se intercambiarán roles

Reglas

- Solo puede haber una persona superviviente por jaula.
- Las jaulas deben salvar a cuantas más personas supervivientes mejor. Suman un punto por cada una de ellas rescatada.

- El predator no puede meterse en las jaulas y cuando cace a alguien se intercambian los roles.

Variante

- El predator será quien guía el juego.

Tiempo

15 minutos.

Disposición espacial

Por todo el espacio, según los roles.

Confía en mí

Objetivo

Mejorar la responsabilidad y el valor de ayudar a las personas.

Material

– Un objeto aleatorio para cada pareja.

Intensidad

Baja.

Descripción

Por parejas, una de las dos personas actúa como guía (emisora) y la otra es la que recibe las indicaciones (receptora), estando la persona emisora detrás y cerca de la receptora, que deberá estar con los ojos tapados y atender a las indicaciones que le den para recoger un objeto que colocará quien dirija el juego en cualquier lugar del espacio (cada pareja tendrá que ir a coger su objeto). Una vez terminada la ronda, las parejas intercambiarán el rol.

Reglas

– Hay que evitar que la persona receptora se choque o se haga daño.
– No se puede tocar o agarrar para guiar, salvo que haya un choque inminente, puesto que la prioridad es que no se haga daño nuestra pareja.

Variante

– Tendrán que ir todos a pillar a la persona que dirija el juego, que se podrá ir moviendo hasta que sea pillada por alguien, utilizando cualquier disposición espacial.

Tiempo

10 minutos.

Disposición espacial

En filas y por parejas ocupando todo el espacio.

SESIÓN 6

Somos inclusivos
(Educación Física adaptada)

SESIÓN 6

Objetivo:

Conocer y experimentar diferentes diversidades funcionales en el aula.

Edad:

10-12 años.

Contenidos:

- Parte inicial (10 minutos):
  - ACOMPÁÑAME (10 minutos)
- Parte intermedia (20 minutos):
  - NO ME CHILLES QUE NO TE OIGO (10 minutos)
  - SITBALL (10 minutos)
- Parte final (20 minutos):
  - TEATRO SIN DRAMA (20 minutos)

Material:

- Aros.
- Pelotas de gomaespuma.
- PINclusivo (insignia o medalla).

Lugar:

Aula polivalente.

Duración:

50 minutos.

Acompáñame

Objetivo

Empatizar con la diversidad funcional visual.

Material

- Aros.

Intensidad

Baja-media.

Descripción

El alumnado se organiza en parejas, de manera que una de las dos personas cierra los ojos y simula no ver, puesto que el suelo es fango y le ha entrado en los ojos, de manera que tiene que atravesar un circuito formado por aros (simulan ser piedras) con ayuda de su pareja, que hará de ángel de la guarda. Las personas "ciegas" tendrán que atravesar el circuito sin pisar fuera de los aros (piedras), puesto que, de lo contrario, se caerían al fango. Después, vuelven cambiando de rol.

Reglas

- Se puede tocar y ayudar a la persona de la pareja que es guiada.
- Si se pisa fuera del aro, hay que volver al inicio.
- Hay que pisar todos los aros.
- La más importante de todas, hay que evitar cualquier daño a la pareja.

Variante

- Se alejarán los aros para aumentar la dificultad, e, incluso, se podrá cambiar la distribución.

Tiempo

15 minutos.

Disposición espacial

En filas y por parejas, cada una en su circuito de aros.

No me chilles que no te oigo

Objetivo

Comprender la diversidad funcional auditiva.

Material

- Ninguno.

Intensidad

Alta.

Descripción

El alumnado se coloca en corro y quien guía el juego lo explica vocalizando y gesticulando mucho. Una persona saldrá al centro y tendrá que interpretar un personaje de ficción que deberá adivinar alguien del resto del grupo mientras imitan lo que hace el del centro.

Reglas

- Hay que evitar el uso del lenguaje verbal durante la interpretación (no se habla).
- La siguiente persona en salir al centro será quien diga el que lo haya adivinado.

Variante

- Por grupos o parejas, intentando que no hablen (incluso para adivinar, deberán utilizar la mímica).

Tiempo

10 minutos.

Disposición espacial

En círculo por todo el espacio.

Sitball

Objetivo

Experimentar la diversidad funcional motriz.

Material

– Pelotas de gomaespuma.

Intensidad

Media.

Descripción

El alumnado tiene congeladas las extremidades inferiores, por lo que, en grupos de 5 o 6, tienen que sentarse y pasarse una pelota de gomaespuma entre sí, evitando que caiga al suelo, de manera que, cuando consigan pasársela a todas las personas integrantes del grupo, tendrán que levantar la mano en señal de victoria.

Reglas

– No sé pueden mover voluntariamente las piernas en ningún momento.
– Hay que pasársela a todas las personas integrantes del grupo.
– No se puede pasar la pelota a la persona de tu derecha o de tu izquierda.
– Si se cae o se va la pelota, hay que ir a por ella sin levantarse, es decir, sin usar los miembros inferiores.

Variante

– Cuando acabe un equipo, tendrá que enviar la pelota al grupo que diga quien dirija el juego (cada equipo al siguiente), de manera que consiguen un punto no solo por pasar bien a todas las personas que lo integran, sino también por coger la pelota de otro equipo y si el otro equipo coge su pelota sin que toque el suelo, por lo que deberán coordinarse y trabajar juntos.

Tiempo

10 minutos.

Disposición espacial

En grupos de 5 o 6 personas sentadas.

Teatro sin drama

Objetivo

Valorar la importancia de la inclusión y respetar las diferentes necesidades.

Material

- PINclusivo (insignia o medalla).

Intensidad

Media-baja.

Descripción

El alumnado tiene que hacer tres grupos para prepararse una escena corta simulando el primer día de clase, en la que cada grupo tiene que incluir el tipo de necesidad que quien dirija el juego les dirá previamente (importante especificar alguna necesidad visual, auditiva o motriz), interpretando qué acciones y recursos podrían realizar si acude alguien con esa necesidad en el aula.

Mientras preparan la escena, quien guía el juego puede ir ayudando y dando consejos a cada grupo para ofrecer apoyo. Después, tendrán que representar la escena delante del resto del grupo, de manera que intenten averiguar qué están interpretando. Al final, se realizará una asamblea en la que se hablará sobre la importancia de incluir a todas las personas en la sociedad.

Reglas

- Hay que representar las escenas de manera respetuosa.
- Se tiene que entender bien lo que se quiere comunicar, por lo que al final de cada escena, las personas que no están actuando podrán intentar adivinar lo que están representando.

– Los grupos que consigan representar las necesidades de la forma más inclusiva y amistosa posible tendrán un PINclusivo (insignia o medalla que se intentará dar a todo el alumnado).

Variante

– Podrán intercambiarse las necesidades de cada grupo, adaptando rápidamente su escena a esa situación.

Tiempo

20 minutos.

Disposición espacial

Tres grupos por todo el aula.

Sobre los autores

Juan José Mijarra Murillo

Ocupa actualmente el puesto de Investigador Predoctoral en Formación en la Facultad de Ciencias de la Salud (FCS) de la Universidad Rey Juan Carlos (URJC).

Profesor en la URJC desde 2018, ha impartido diferentes asignaturas del Grado en Educación Primaria con mención en Educación Física (Expresión Corporal, Didáctica de la Educación Física, Introducción a la Educación Física y Motricidad y Capacidades Físicas).

Doctorando por la URJC. Máster en Artes Escénicas y Graduado en Educación Primaria con mención en Educación Física.

Su experiencia profesional viene avalada por numerosos años de experiencia en el sector de la educación y de las artes escénicas en organizaciones públicas y privadas, siendo bailarín de diversos concursos televisivos, juez en varias ediciones del campeonato de danza urbana Keviri School y miembro del tribunal de diferentes exámenes de danza moderna.

Profesor valorado como excelente en la convocatoria DOCENTIA 2022 de la URJC. Director de las V Jornadas de Actividad Física y Salud y de las I Jornadas de Expresión Corporal en la FCS de la URJC. Ponente en diferentes jornadas y congresos acerca de temas relacionados con la expresión corporal, la educación, la actividad física y la innovación docente. Miembro activo de GIDEFYD y autor de varios capítulos del Libro Introducción a la Educación Física y su Didáctica.

Más información en https://gestion2.urjc.es/pdi/ver/juanjose.mijarra.

José Manuel Delfa de la Morena

Ocupa actualmente el puesto de Coordinador Funcional del Área de Educación Física y Deportiva de la Facultad de Ciencias de la Salud (FCS) de la Universidad Rey Juan Carlos (URJC).

Profesor Contratado Doctor, lleva 14 años impartiendo docencia en los grados de Educación en diferentes asignaturas, siendo el responsable durante muchos años de las asignaturas de Expresión Corporal, Motricidad y Capacidades Físicas e Introducción a la Educación Física.

Doctor por la URJC. Experto en Método Pilates y Licenciado en Ciencias de la Actividad Física y del Deporte.

Su experiencia profesional viene avalada por más de 20 años de docencia en total, (17 de docencia universitaria), así como más de diez años siendo árbitro de fútbol de categorías inferiores del Comité de Árbitros de Madrid (CAM) en la Federación de Fútbol de Madrid (FFM) y varios años de entrenador de fútbol en categorías inferiores de diversos clubes como el Getafe CF SAD.

Profesor valorado como Excelente en la convocatoria DOCENTIA 2022 de la URJC. Director y Ponente en numerosas Jornadas y Congresos sobre Expresión Corporal, Innovación Docente, Educación Física, Actividad Física y Salud. Director del GIDEFYD (Grupo de Innovación Docente Consolidado en Educación Física y Deportiva de la URJC). Coordinador y coautor del libro Introducción a la Educación Física y su Didáctica.

Más información en https://gestion2.urjc.es/pdi/ver/jose.delfa

 **es una editorial especializada en libros de Educación Física y Pedagogía del Deporte**

@INDEEditorial

@editorial_inde

@INDEEditorial

Consulta todo nuestro catálogo

www.inde.com

editorial@inde.com